AF728400

65

DEPOT LEG
PUY-DE-DÔ
N° 65
1901

L'INVENTAIRE

des preuves de Noblesse de la Maison

de La Rousse de Pélacot

PRÉCÉDÉ D'UNE DÉDICACE A SA GRANDEUR

Monseigneur Gustave-Adolphe de Pélacot

ÉVÊQUE DE TROYES

BIBLIOTHÈQUE NATIONALE
RF
IMPRIMÉS

et accompagné d'une

NOTICE GÉNÉALOGIQUE

par

le Comte Amédée de SAINT-AHOND

Camérier secret de cape et d'épée de Sa Sainteté Léon XIII

Se vend chez l'Auteur : A Surel près Retournac (Hte-Loire)
au profit d'un
...linat-Ecole de l'Œuvre nationale des SS. Anges Gardiens.

8° L3m
2639

L'INVENTAIRE

des preuves de noblesse de la Maison

DE LA ROUSSE DE PÉLACOT

Lm 3
2639

SOUSCRIPTEURS

MM. le duc de Polignac, Paris ;

Paul Le Blanc, Brioude ;

le vicomte Auguste d'Odde de la Tour du Villard, château de Pralong par Lapte (Hte-Loire) ;

Brévot-Leblanc, Troyes ;

Charles Nogier, le Puy ;

l'abbé François Fabre, aumônier, château de Croptes par Lezoux (Puy-de-Dôme).

l'abbé Nérenbourger, curé de Soligny-les-Etangs (Aube).

Geoffroy, prêtre de la Mission, économe au Grand Séminaire, Troyes.

le comte Auguste de Roquefeuil de Pradt, château de Védrines par Lempdes (Haute-Loire).

l'abbé A. Fournier, directeur de l'Œuvre de N.-D. de France, curé de St-Germain-le-Gaillard (Eure-et-Loir).

Gabriel Jean, Sauxillanges (Puy-de-Dôme).

François Boyer, Volvic (Puy-de-Dôme).

l'abbé de Colomb, curé de Segonzac (Corrèze).

l'abbé Fréderic Collot, curé de Vaudes (Aube).

Demay de Certant, Bordeaux.

J.-B. Delorme, Sainte-Agathe-en-Donzy (Loire).

Mgr Gustave Adolphe de Pélacot
Evêque de Troyes

Le fond représente le portail majeur de la cathédrale de Troyes

L'INVENTAIRE

des preuves de Noblesse de la Maison

de La Rousse de Pélacot

PRÉCÉDÉ D'UNE DÉDICACE A SA GRANDEUR

Monseigneur Gustave-Adolphe de Pélacot

ÉVÊQUE DE TROYES

et accompagné d'une

NOTICE GÉNÉALOGIQUE

par

le Comte Amédée de SAINT-AHOND
Camérier secret de cape et d'épée de Sa Sainteté Léon XIII

Se vend chez l'Auteur : A Surel près Retournac (Hte-Loire)
au profit d'un
Orphelinat-Ecole de l'Œuvre nationale des SS. Anges Gardiens.

Les Fonds baptismaux (église de St-Laurent du Puy)

DÉDICACE

A Monseigneur l'Illustrissime et Révérendissime
Gustave-Adolphe de Pélacot, Evêque de Troyes.

Monseigneur,

Je prie Votre Grandeur de vouloir bien agréer l'hommage très respectueusement affectueux que je lui offre de mon modeste travail. J'ai souhaité faire mieux connaître la noble famille dont vous êtes le plus illustre des fils, à laquelle votre auguste dignité ajoute un incomparable éclat. De ce chef, mes faibles pages intéresseront : un grand nombre des fidèles de votre diocèse de Troyes, qui vénèrent en votre personne le digne Pasteur envoyé de Dieu, d'innombrables compatriotes et des amis, chaque jour plus nombreux, que vous savez conquérir et vous attacher par leurs plus respectueuses sympathies.

Entre nous deux, Monseigneur, il existe un lien de sainte fraternité dont je m'honore et que vous me permettrez de rappeler ici. Une même Mère, la sainte Eglise du Puy, nous a engendré à la vie chrétienne. Vous accomplissiez, jour pour jour, votre seizième année, lorsque, aux mêmes Fonds de la paroisse de Saint-Laurent du Puy, le 14 juin 1856, un prêtre de ma famille, le plus jeune frère de mon regretté Père, me conférait le baptême, où, le 16 juillet 1840, vous aviez reçu l'eau sainte baptismale sur votre front prédestiné à l'onction qui consacre les Evêques pasteurs légitimes de l'Eglise, successeurs des Apôtres de Jésus-Christ (1). Votre noble famille, justement fière et heureuse de vos mérites, a vu par vous, Monseigneur, se vivifier, plus agissante et plus digne que jamais, son antique et si chrétienne devise : je soutiens la foi du vrai Dieu : *Sustineo fidem Dei.*

J'ai essayé de réunir quelques notes sur l'origine et la généalogie de votre famille ; c'est le complément naturel de la pièce authentique que j'ai extraite de manuscrits inédits conservés aux archives du département de la Haute-Loire (2) et à la bibliothè-

(1) Voici l'extrait des registres des baptêmes de la paroisse de Saint-Laurent au Puy en Velay, copié mot à mot en respectant l'orthographe des noms :

N° 49 : M. Gustave-Adolphe de Pélacot, fils légitime de feu M. Marie-Charles-Antoine de Pélacot, officier de gendarmerie en retraite et chevalier de la Légion d'honneur, et de Mme Catherine Dulac, né le quatorze juin 1840, a été baptisé le seize juillet même année.

Son parrain a été M. Gustave-Adolphe du Pont et sa marraine Mme Joséphine Amélie de Paulin, soussignés.

G. A. de Pont, Joséphine-Amélie de Paulin Dublan, H. de Pélacot, Balthazard de Pélacot, Eynac curé.

(Nous devons cet acte à une obligeante communication de M. le chanoine Pierre Jughon, curé de Saint-Laurent.)

(2) Je tiens à remercier ici M. Antoine Jacotin, archiviste de la Haute-Loire, dont la gracieuse obligeance a beaucoup favorisé mes recherches.

que de la ville de Clermont. Ces manuscrits contiennent une partie des registres des preuves de noblesse produites devant MM. les Intendants des provinces par plusieurs familles de l'Auvergne et du Velay. Les publier serait assurer davantage la conservation de souvenirs précieux pour les familles qu'ils concernent. Il me semble que je ne pouvais mieux faire débuter cette publication, ni la placer sous de plus favorables auspices, qu'en vous dédiant ce premier extrait, où se trouvent mentionnées les preuves de noblesse présentées à M. de Fortia, intendant d'Auvergne, par Damien de Pélacot, escuyer, seigneur de la Rousse, et son fils Isaac, seigneur de la Préa, qui sont le trisaïeul et le quatrième aïeul de Votre Grandeur.

J'ose enfin vous écrire le souhait tout spécial que j'adresse à votre famille : puisse-t-elle, fortifiée par les bénédictions de son bien-aimé Pontife, accroissant toujours sa prospérité, rétablir sa demeure dans son antique manoir de la Rousse et ramener ses bons exemples dans sa vénérable paroisse de Saint-Antoine-du-Monestier, la soutenant par sa foi.

Je ne dissimule pas le but constant de mes travaux, de mes plus chers désirs ; parce que, si ce but ne doit être pour ma faiblesse qu'un idéal, un rêve toujours irréalisé, d'autres, encore mieux intentionnés et plus puissants, y trouveront peut-être, si je le formule, l'expression de louables desseins qu'ils se feront un bonheur de pouvoir accomplir au profit de leur famille et de leur pays.

J'ai toujours le plus sincèrement désiré et considéré comme le meilleur gage de conservation et d'union de la famille que chacun s'efforce de rétablir son principal foyer là où était son berçeau. Pour aider à faire naître ce désir et cette volonté, et leur offrir un véritable point d'appui, rien ne saurait être plus favorable à chaque famille que d'être bien instruite de son histoire par la chronologie et les actes mémorables des ancêtres.

Ne semble-t-il pas qu'il y aurait, dans une judicieuse harmonie de ces sentiments avec les exigences de la vie actuelle, une action pratique à favoriser, où serait, pour l'avenir de la France très chrétienne, une des meilleures solutions de la question sociale.

J'ai l'honneur de me dire avec le plus profond respect,

Monseigneur,

de Votre Grandeur,

le très humble serviteur et ami dévoué

Amédée, comte de SAINT-AHOND

Camérier secret de Sa Sainteté.

Surel près Retournac (Haute-Loire), le 8 mai 1901,
en la fête de l'Apparition de Saint-Michel, le premier des Anges Gardiens de la France.

L'INVENTAIRE

des preuves de noblesse de la

Maison de la Rousse de Pélacot

PÉLACOT LA PRIAST, Sénéchaussée de Riom

Inventaire de production de titres et contracts que met et baille par devant vous Mgr de Fortia, chevalier, seigneur du Plessis et du Cleveau, coner du Roy en tous ses conseils, mre des requestes ordinaires de son hostel, commissaire departy et député par le Roy pour lexecuoñ de ses ordres en la province et généralité d'Auvergne, Damien de Pelacot, escuyer, sieur de la Rousse, et Izaac de Pélacot, escuyer, sieur de la Préa, son fils, deffendeurs en repntaoñ de leurs tittres de noblesse suivant larrest du Conseil du vingt-deux mars mil six cents soixante-six et de l'ordonnance survenue ensuitte le vingt-deuxième avril ensuivant et exploit donné en conséquance le troisième décembre mil six cens soixante sept.

Contre M. François du Coudray, procureur de M. Jean du Bois chargé de la poursuite assurée contre les usurpateurs dudit titre demandeur.

Pour monstrer par les dicts sieurs de la Rousse et de la Préa qu'ils jouissan prenan a bon titre la qualité descuyer comme gentilhommes de race destraction et que ledit sieur Izaac de Pelacot est dessendu dudit sieur Damien de Pelacot, escuyer, sieur de la Rousse et de damoiselle Magdelaine Devaux, led. François de Pelacot de Alire de Pelacot, escuyer, sieur de la Rousse et de damoiselle Jeanne Vigier de la Vallette et led. Alire ou Hilaire de Pélacot, de Jacques de Pélacot, escuyer, sieur de la Rousse et de damoiselle Anne du Buisson qui sont le bisayeul et bisayeule, trisayeul, trisayeule des produisans.

Et pour lestablir plus particulièrement et par ordre led. Izaac de Pélacot, escuyer, sieur de la Préa produit son contract de mariage avecq damoiselle Marie de Miremont du quatriesme mars mil six cens cinquante huict pour sabvoir qu'il est fils légitime desd. Damien de Pélacot et damoiselle Louise de la Vernède. Cotté par premier.

Pour monstrer que ledit sieur Damien de Pélacot, escuyer, sieur de la Rousse, père dud. sieur de la Préa, est fils légitime dud. François de Pélacot et de lad. damoiselle Magdellaine Devaux produict led. sieur de La Rousse son contract de mariage avecq lad. damoiselle Louise de la Vernède du quatre octobre mil six cent trente-deux, aveq lequel contrat et pour dautant mieux establir ladite filiation est attaché le contract de mariage d'entre Jacques de Pélacot, son frère, escuyer, et damoiselle Charlotte de Pastural, du huictième febvrier mil six cens vingt-six, par lequel il appert que lesd. Damien et Jacques de Pélicot frères sont enfans dudit François de Pélicot et de ladite damoiselle Magdellaine Devaux, tous deux es papier deuement insinuez. Cotté par deux.

Pour monstrer que led. Damien de Pélicot est issu de François de Pelicot, escuyer, sieur de la Rousse et de damoiselle Magdellaine Devaux, mais encore que led. François de Pelicot estoit fils d'Alire de Pélicot, escuyer, sieur de la Rousse, et de demoiselle Jeanne Vigier de la Vallette, que les uns et les autres ont possédé le titre de noble et descuyer comme leur estant légitimement acquis, lesdicts sieurs de la Rousse et de la Préa produisent quatre pièces ensemble attachées. La première du quatorze septembre mil cinq centz nonante quatre est le contract de mariage dud. François de Pélacot et de lad. damoiselle Magdellaine Devaux.

La seconde du neuf^e novembre mil cinq centz quatre-vingt-huict est un contract de partage des biens dud. Alire de Pélicot, escuyer, sieur de la Rousse, entre François de Pélicot, seigneur de la Rousse, et Alexandre et Jacques de Pélacot, escuyers, ses frères, ledit Jacques comte de Brioude, tous enfans dud. Alire de Pelacot et de ladite damoiselle Jeanne Vigier de la Valette, par ces deux pièces lon veoit la qualité descuyer bien establie et laquelle veue est moins revoquée en doubte puisque Jacques de Pélacot, frère de layeul et bisayeul des produisans estoit comte de Brioude estant assez notoire partout qu'il ne peut estre aspiré à cette dignité ecclésiastique quon ne soit noble de père et de mère et dune extraction de trois generaoñs.

La troisiesme du sixiesme febvrier gbi dix est un acte de prestaoñ de foy et hommage faict par ledit sieur François de Pelacot, escuyer, sieur de la Rousse, père et ayeul des produisans pour ses terres de la Rousse et Lanoue qu'il tenoit en arrière fief de Sa Majesté.

La quatre et dernière du seize mars audit an mil six cens dix est une desclaration et dénombrement faict par Alexandre de Pélicot, escuyer, fils dudit François de Pélacot, escuyer, sieur de la Rousse, et en vertu de sa procuration des terres et fiefs quy relevoient de Sa Majesté. Ces deux pièces establissent que lesd. sieurs produisans sont destraction noble et qui ont possédé des fiefs et places nobles. Cottées trois.

Item pour monstrer aussy que ledit François de Pélicot, escuyer, sieur de la Rousse, était fils d'Alire ou bien d'Ilaire de Pélicot, escuyer, seigneur de la Rousse, et de ladite damoiselle Jeanne Vigier de la Vallette, lesdits sieurs produisans produisent contract de mariage dudit sieur Alire de Pelacot et de ladite Jeanne Vigier du douze juin mil cinq cens quarante-sept. En papier signé dom Gaste et Matharel faict en loriginal. Cotté par quatre.

Pour fere veoir non seulement que led. contract de mariage est une pièce véritable et à laquelle doibt ester adjousté foy quoyque produit par extrait, mais encore que led. Alire de Pélicot, escuyer, sieur de la Rousse, estoit file de Jacques de Pélacot, escuyer, sieur de la Rousse et de damoiselle Anne du Buisson, bisayeul se bisayeule, et trisayeul et trisayeule desdits sieurs produisant produisent contract de partage du cinq juillet mil cinq cents quarante-deux des biens dudit Jacques de Pélacot dans lequel il paroit que ledit Alire de Pelacot estoit fils dudit Jacques de Pélacot et de lad. damoiselle Anne du Buisson sa femme, et quen ceste qualité il a pris portion dans lesd. biens aveq Pierre, Anne et Catherine de Pélicot ses frère et sœurs ledit contract en parchemin. Signé Brandon, notaire. Cotté par cinq.

Pour faire veoir que la famille des produisans sont en possession très légitime et entienne de noblesse produisent pièces ensemble attachées. La première du douze aoust mil cinq cent cinquante huict est une requeste presantée au séneschal d'Auvergne par led. Hilaire ou Alire de Pelacot pour avoir mainlevée en la saisie faicte sur ses biens a faute davoir par luy comparu a la convocation quy se fit lors de larrière ban, au bas de laquelle est lordonnance dudit juge par laquelle eu esgard aux services que led. Hilaire rendoit dedans une compagnie de chevaux légers en ordonnances de monsieur le mareschal Desbon (d'Albon ?), il fust deschargé et eut mainlevée de la saisie sur luy faicte par ledit seneschal.

La seconde du xxbiii^e^ may 1548 est un certificat par lequel il appert que led. Alire de Pelacot, sieur de la Rousse estoit en lad. année employé dans l'estat et à la compagnie en ordonnances du sieur de Lespinas.

La troisième et dernière du vingt-sept octobre mil cinq cent soixante-sept est un extrait du roolle faict en lad. année pour la convocaôn du ban et arrière ban par lequel il appert que led. Hilaire de Pelacot a esté excusé du service à cause de sa grande vieillesse. Lesd. pièces cottées par six.

Et pour confirmaôn des services rendus par ledit Hilaire de Pélicot dans la compagnie d'ordonnance de Monsieur le mareschal d'Albon produisent la transaction passée entre lad. damoiselle Jeanne Vigier de la Vallette lors veufve dud. Hilaire de Pelacot et lesd François, Alexandre et Jacques de Pelacot ses enfans, et dud. Hilaire de Pelacot. Lad. transaction est passée du vingt-un janvier mil cinq cens quatre-vingt-sept. Cotté par sept.

Produisent aussy le testament de Jacques de Pélacot, comte de l'esglise de Brioude, fils dud. Alire, en date du xbiii mars mil six cent vingt-un, par cette pièce il paroit de lentienne noblesse de lad. famille parce que nul ne peut estre receu comte dans lad. églize de Brioude, s'il n'est gentilhomme destraction noble de deux cottés paternel et maternel, ensuite duquel testament est le procès verbal d'ouverture dud. testament faict par le Iuge de Brioude du vingtroisiesme dud. mois de mars, ensuite duquel il y a deux quittances des payements des legats portés par ledit testament quy ont esté faicts par led. sieur Damien de Pélacot, père dud. sieur de la Préa et l'un des produisans. Cotté par huict.

Item produisent deux pièces, la première du quinze novembre 1601, est une quittance du trésorier du dommaine d'Auvergne par laquelle il appert qu'il a receu de noble François de Pélacot, la somme à laquelle led. s[r] Hilaire de Pélacot, son père, avoit esté taxé pour l'arrière ban lors convoqué.

La seconde du dixiesme juillet 1608 du secrettaire de feu Monsieur le connestable de Montmorancy, par lequel il appert qu'Alexandre de la Rousse, escuyer, sieur de Farreyrolles, frère dud. François, est fils dud. Alire, avoit l'aveue par ledit deffunt sieur connestable et les mareschaux de France de la qualité requise pour estre employé et couché dans l'estat des pensions quy debvoit estre dressé pour les capitaines gentilshommes et soldats stropies. Les deux pièces establissent d'autant plus la noblesse entienne desd. sieurs produisans. Cotté par neuf.

Item produisent deux certifficats de service donnés aud. sieur Damien de Pélacot père le premier du dixiesme septembre mil six cents vingt-cinq donné par M. le comte Dallès, colonel général de la cavalerie légère, et le second du sixiesme aoust 1626, donné au camp de la Rochelle par le sieur marquis de Canillat pour monstrer que ledit sieur Damien de Pélacot a porté les armes pour le service de Sa Majesté aux occasions qui ce sont présentées, lesdites deux pièces deuement signées. Cottées par dix.

Enfin ils produisent pour establir encore leur noblesse entienne quatorze pièces ensemble attachées. La première du seize may 1634, est une saisie faicte des revenus de la terre de la Rousse et autres biens appartenant audit sieur Damien de Pélacot faute davoir par luy d'en avoir rendu hommage au Roy.

La seconde et troisiesme du xxiiii mai 1634 sont deux adveux de foy et hommage rendus par led. sieur Damien de Pelacot, escuyer, sieur de la Rousse, des terres à luy appartenant relevant de Sa Magesté. La quatrième, cinq, six, sept, huict, neuf, dix, onze, douze, treize, quatorze et dernière des quatre febvrier, seize mars, premier avril, xb[e] juillet, xxbii aoust et quatre septembre 1635, xx juillet et dix septembre 1639, xix may iii juin 1640, et sept juillet 1650 sont plusieurs letres escriptes aud. sieur de Pelacot par les lieutenans du Roy de lad. province d'Auvergne, à ce qu'il eust à se tenir prest pour marcher, lorsque le ban et arrière ban partiroit, des aveux qu'il a rendus au Roy, des terres qu'il possède, lesquelles relèvent de Sa Majesté, des extraits des rooles des taxes, que led. sieur Damien de Pélacot a payé pour raison de l'arrière ban à cause qu'il n'y avoit peu aller et servir estant indisposé, un certifficat de médecin et appoticaire attestant lad. indisposition, un acte de descharge par luy obtenu en lad. année 1635 a pareille assignaôn quy luy fust lors donnée pour la présantation des titres concernant sa noblesse. Par toutes lesd. pièces, led. sieur Damien de Pélicot est califfié de noble et d'escuyer comme la qualité luy estant légitimement deue. Cotté par unze.

Pour monstrer encore que la qualité d'escuyer est entienne dans leur maison produisent un acte sentence rendue en la Séneschaussée d'Auvergne à la requeste dud. Alire ou Hilaire de Pélacot, par lequel il appert qu'il a pris la qualité d'escuyer, sieur de la Rousse, led. acte en parchemin, en date du 25 janvier 1540. Cotté par Douze.

Item produisent leurs armes aveq leur généalogie. Cottées par treize.

Item produisent la coppie de l'arrest du Conseil desd. ordonnances et assignation a eux donnée en conséquence susdattées signées Cartalier, huissier, en vertu desquelles la présente production est faite. Cotté par quatorze.

Item pour la conservation des pièces le présant invantaire. Cotté par quinze.

De Pelacot Laprias Fabre.

Item produit trois pièces dans un saq ap^nt suivant de production nouvelle, paraffées par premier et dernier lune desquelles est la req^te afin de prod^ons des autres pièces et production renouvellée. Cotté par seize.

Fabre.

Armes et généalogie pour Damien de Pélacot escuyer, sieur de la Rousse et de la Préa, deffendeurs contre M. François Ducoudray, demandeur. Treize. Fabre

d'or à la rose de gueules, écartelé de : échiqueté d'or et d'azur.

GÉNÉALOGIE

Produisans	Damien de Pélacot, escuyer, sieur de la Rousse et Izaac de Pelacot, escuyer, sieur de la Préa, son fils, produisans.
Y a point de contrat de mariage mais un partage qui établit la filiation. Cotte cinq de l'invre.	Trisayeul d'Yzaac Pélacot : Jacques de Pelacot, escuyer sr de la Rousse,
3 juillet 1542	Marié aveq damoiselle Anne du Buisson. Bisayeul dud. Izaac de Pélacot : Alire ou Hilaire de Pélacot, escuyer sr de la Rousse,
12 juin 1547	Marié aveq damoiselle Jeanne Vigier de la Vallette. Ayeul dud. Izaac de Pélacot, père de Damien : François de Pélacot, escuyer, sr de la Rousse,
14 septembre 1594	Marié avec damoiselle Magdellaine de Vaux. Damien de Pélacot, escuyer, sr de la Rousse, l'un des produisans,
4 octobre 1632	Marié aveq damoiselle Louise de la Vernède Isaac de Pélacot, escuyer, sr de la Préa, fils dud. Damien, autre produisant,
4 mars 1658	Marié aveq damoiselle Marie de Miremont. De Pelacot Laprias, 4 mars 1658.

(Extrait conforme au manuscrit original déposé à la Bibliothèque de la ville de Clermont-Ferrand, tome 551 ; fol. 332 à 338.)

NOTICE GÉNÉALOGIQUE

sur la

Famille de la Rousse de Pélacot

Cette famille d'ancienne noblesse est originaire de la province d'Auvergne où se trouve, non loin d'Ambert, au pays du Livradois, dans la paroisse du Monestier, la terre de la Rousse avec le donjon démantelé de son vieux castel.

Damien de Pélacot, escuyer, seigneur de La Rousse, possédait encore cette terre, en 1667, lorsqu'il fit les preuves de sa noblesse devant M. de Fortia, intendant d'Auvergne.

A quelle époque, par suite de quelle alliance, cette famille a-t-elle ajouté à son nom patronymique de la Rousse celui de Pélacot, qu'elle portait déjà en 1478, le plaçant indistinctement avant ou après celui de la Rousse ?...

Mais la disposition de l'écartelure de ses armes, telles qu'elles furent enregistées en 1667, et qu'elles n'ont cessé d'être portées, établit que le nom de la Rousse (la Rose) avait droit au premier rang et doit être considéré comme le véritable nom patronymique.

C'est d'ailleurs avec ce seul nom que l'on a inscrit le plus ancien personnage connu de cette famille : Armand de La Rousse, qui était chanoine, comte de Brioude en 1298 ; ce qui ferait remonter vers 1198 la noblesse de la famille, d'après le nombre des quartiers de noblesse exigé pour être admis dans le noble chapitre de Saint-Julien de Brioude.

Voilà le résumé de l'origine qui nous paraît la plus vraisemblable et la mieux adoptée par les membres vivants de la famille.

Ajoutons-le, toutefois, pour être impartial : on a écrit souvent que le nom primitif de cette famille était celui de *Pélicot*, qui se dit ordinairement de *Pélacot* ; et, il est de fait que ce nom précède tous les autres dans l'inventaire des preuves de noblesse. Faut-il en conclure qu'une alliance de la famille de Pelicot (en Provence ou en Bretagne) avec celle de la Rousse (en Auvergne) aurait fait substituer aux armes de Pelicot celles de La Rousse ? Dans ce cas les Pelaçot appartiendraient à l'Auvergne seulement depuis leur alliance avec les La Rousse, alliance suivie de substitution d'armoiries. En effet, j'ai cherché dans les recueils spéciaux des noms de terres en Auvergne et pays limitrophes, je n'ai trouvé nulle

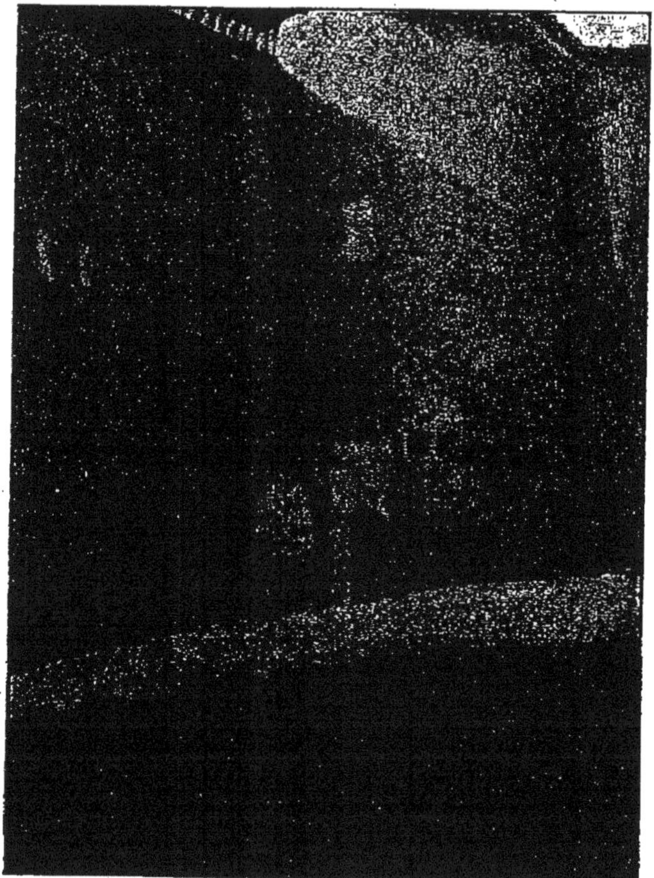

Le château de la Rousse

part le nom de Pelicot ou Pélacot. Ce nom serait d'origine Provençale ou Bretonne. (Voy. le Bulletin de la Société héraldique de France t. I. col. 219.)

Ici nous avons à regretter l'absence de documents assez anciens pour lever tous les doutes et fournir une conclusion certaine.

Ayant subi, comme chez tant d'autres familles, les ravages des guerres religieuses et des révolutions, les titres des Pélacot ont été détruits ou tellement dispersés qu'il n'a pas été possible, jusqu'à présent, d'établir leur généalogie avant la fin du XVe siècle.

Tel est le point de départ de la filiation connue; elle remonte à :

I. **Pierre de Pélacot**, escuyer, seigneur de la Rousse. Il épousa, vers 1478, demoiselle Françoise du Chassaing. — Armes : d'argent au chêne de sinople glandé d'or. Il semble qu'ils eurent un fils unique qui suit :

II. **Jacques de Pélacot,** escuyer, seigneur de La Rousse, Renaudie et autres places, épouse le 2 août 1507, demoiselle Anne du Buysson. Armes : d'or, au buisson arraché de sinople. Elle était fille de Pierre, écuyer, seigneur dudit lieu, Tours, Saint-Babel, co-seigneur d'Olliergues; et, de Jeanne Athon de Saint-Floret. De ce mariage naquirent :

1° Pierre, qui n'eut pas de postérité et légua sa fortune à Hilaire, son frère.
2° Françoise, célibataire; elle était morte lors du partage du 3 juillet 1542.
3° Hilaire ou Alyre, qui suit.
4° Anne, âgée de 25 ans en 1542. Ne serait-ce pas la même qu'Antoinette de Pélacot ? mariée, vers 1549, à Antoine de la Fayette-Vieille, de l'illustre maison dont le nom patronymique est : Motier. Armes : de gueules à la bande d'or, à la bordure de vair.
5° Catherine, épouse : *A*. Robert de Vigier, écuyer, seig[r] de Vernassal, fils de Jean et de Gilberte de Douhet. *B*. N... de ou du Verny.
6° Jacques, chanoine, comte de Brioude en 1545.

III. **Hilaire ou Alyre de Pélacot**, écuyer, seigneur de La Rousse, épouse, le 2 juin 1547, demoiselle Jehanne Vigier de La Valette. Armes : .....

De ce mariage :

1° Jacqueline.
2° Gabrielle.
3° François, qui continue.
4° Jean, chanoine, comte de Brioude en 1573, mort avant 1587.

5° Jacques, chanoine, comte de Brioude en 1577, teste le 18 mars 1621.

IV. **François de Pélacot**, écuyer, seigneur de La Rousse, avait épousé en 1res noces, le... 1575, demoiselle Anthoinette de St-Ahond (1). Armes : de gueules au lion d'or accosté de trois dents d'argent, parti d'argent à trois chevrons de gueules posés en fasse. Elle était fille de Pierre, seigneur de Lauriat, paroisse de Beaumont, près Brioude, et de Marguerite de Pons; elle mourut en 1581.

En deuxièmes noces : le 14 septembre 1584, demoiselle Madeleine de Vors, (l'inventaire écrit à tort Devaux), veuve de Claude de La Salle, seigneur de La Prias, dont le fils : autre Claude de La Salle la fit héritière de La Prias, le 14 octobre 1617 (2).

(1) Le nom patronymique de la famille d'Anthoinette de St-Ahond étaits Dentil, qui est celui du plus ancien et des plus nombreux seigneurs connu de Saint-Ahond-en-Velay : Pierre Dentil, damoiseau, vivait le 1er des nones de juillet 1270, étant seigneur de Saint-Ahond. Sa famille forma plusieurs rameaux dont : celui des seigneurs de Ligonnes et celui des seigneurs de Lauriat. Plus tard, le 24 avril 1620, Isabeau de Saint-Ahond, unique héritière de la baronnie de ce nom (l'une des 18 baronnies diocésaines qui donnaient entrée aux Etats du Velay, et fut érigée en comté sous Louis XV), par son mariage avec Jean de la Rode de Séneujols dut partager sa seigneurie de Saint-Ahond entre la famille de son mari, aujourd'hui éteinte, et la famille d'André de Surel, son beau-frère, toujours existante.

Au sujet de Saint-Ahond, ajoutons qu'il serait plus rationnel d'écrire et de prononcer Saint-Abond. Telle devait être l'orthographe primitive de ce nom qui vient du latin *Abundus* et signifie *abondant*; appellation donnée au saint martyr sous le vocable duquel est placée l'antique église (romane) paroissiale du bourg, qui porte son nom et qui fut le chef-lieu de ladite baronnie. Sans doute, on voulut exprimer ainsi l'abondance des vertus, des dons de Dieu que le saint avait reçus. Dans la suite des âges, l'inattention ou l'ignorance corrompit la véritable orthographe, le *b* fut changé en *h*, et on plaça ensuite l'*h* devant l'*a*; ce dernier mode a longtemps prévalu bien à tort.

Le martyrologe romain inscrit au 26 août la fête de saint Ahond qu'il désigne sous le nom d'Abonde. Voici le texte consacré à sa mémoire : « Le 26 août, à Rome, les saints martyrs Irénée et Abonde, qui, dans la persécution de Valérien, (vers 260) pour avoir retiré le corps de sainte Concorde d'un égout où on l'avait jeté, furent eux-mêmes jetés dans ce cloaque et y furent noyés; leurs corps en ayant été retirés par le prêtre Justin furent enterrés dans une grotte, près de celui de Saint-Laurent. »

Actuellement, le bourg de Saint-Ahond est chef-lieu de paroisse et de commune, avec 1559 habitants. Il se trouve à 1090 mètres d'altitude, dans le canton de Pradelles, arrondissement du Puy. Il est desservi par le chemin de fer à la station de Chapeauroux distante de 3 kilomètres.

(2) Depuis cette époque les château et terre de La Prias, paroisse de Bansat (sous le vocable de St-Julien), diocèse de Clermont, sont demeurés à la famille de Pélacot jusqu'en 1861, où ils sont devenus la propriété du comte Wilfrid d'Arcy par son mariage, du 22 janvier 1861, avec Elisabeth de Pélacot, fille et unique héritière de François de Pélacot et de Zoé de Caissac, décédée à Clermont au mois de janvier 1891.

M. le comte d'Arcy appartient à une famille originaire de Normandie qui alla se fixer en Angleterre à la suite de Guillaume le conquérant. Elle y

B.H.F.

Le château de La Prias

Du premier lit : 1° Alexandre de Pélacot, sieur de La Rousse et de Ferreyrolles. Marié :

A. le 20 janvier 1594 à Pétronille de Besse, veuve de François de Leyrote, seigneur de Ferreyrolles ; sans postérité :

B. Le 3 février 1600 à Gabrielle du Périer, dont :
1° Marie.
2° Charles, s^r de Lauriat, sans postérité.

2° Jeanne de Pélacot, qui épousa en premières noces, le 18 avril 1605, Jacques d'Oradour.

En deuxièmes noces, le 27 octobre 1620, Jean d'Auzolles, fils d'autre Jean et de Marie de la Rode de Séneujols.

Du deuxième lit : 1° Charlotte de Pélacot, mariée le 27 novembre 1618, avec Jacques de Morel de la Colombe, fils de Pierre et de Françoise du Fraisse. Elle était veuve en 1657.

2° Lucie de Pélacot, mariée le 21 novembre 1622, avec Charles de Morel de la Colombe, fils d'Antoine, seigneur d'Artites, paroisse de Retournac-en-Velay, et d'Antoinette de la Monzie.

3° Damien qui suit.

4° Jacques de Pélacot, écuyer, il épousa Charlotte du Pastural. Armes : de gueules à la roue d'argent. Ils n'eurent pas de postérité.

V. **Damien de Pélacot**, écuyer, seigneur de La Rousse, Vors, La Prias, épousa, le 4 octobre 1632, demoiselle Louise de Molen de la Vernède. Armes : d'azur à trois flanchis ou croix de Saint-André d'or. — Elle était fille d'Isaac, chevalier, seigneur de Rochebrune et de Jeanne de Montvallat. De ce mariage naquirent :

1° Isaac, qui suit ;
2° Jeanne de Pélacot, mariée :

A. Le 13 octobre 1655 à Balthazard Croze, seigneur des Escures et de Prajon, conseiller du Roi, lieutenant criminel de Thiers ;

B. Le 26 novembre 1670 à François de Saint-Priest, chevalier, seigneur de Salon, capitaine au régi-

occupa de hautes situations et reçut, comme récompense de ses services, les titres de comte de Holderness et de pair d'Angleterre. La branche fixée en France vint s'y rétablir à la suite de Jacques II et fut maintenue noble d'ancienne extraction, par arrêt du conseil du Roi, le 10 mai 1720. Armes : d'azur à trois quinte-feuilles d'argent, accompagnées de neuf croix recroisetées de même 3, 3, 3. Devise : un Dieu, un Roi. (Voy. Bulletin héraldique, an 1891, col. 483. L'Armorial Français, n° 42).

ment de Lyonnais, fils de feu Melchior, chevalier, seigneur de Fontanès, Le Crozet, etc..., et de Marie de Thélis.

VI. **Isaac de Pélacot**, escuyer, seigneur de La Rousse, La Prias, Vors et autres places, épouse en premières noces, le 4 mars 1658, Marie de Miremont. — Armes : d'azur au lion d'or, armé, lampassé et couronné de gueules. — Il n'en eut pas d'enfants. En deuxièmes noces, le 28 novembre 1675, Marguerite de Montservier. — Armes : d'azur au chevron d'or accompagné de trois trèfles de même. — Elle était fille d'Alexandre de Montservier, seigneur d'Auzat, Orsonnette et autres lieux et de Magdeleine de Torsiac.

Isaac de Pélacot mourut en 1695 laissant de son second mariage :

1° Jean-Philibert, qui continue ;

2° François de Pélacot, qui épousa Marie des Roys. — Armes : d'azur à la bande d'argent chargée de trois étoiles de gueules. — Elle était veuve en 1712 et avait un fils :

Jacques de Pélacot, qui servit au régiment de Normandie et paraît n'avoir pas eu de descendance.

3° Isabeau de Pélacot, morte en 1714.

VII. **Jean-Philibert de Pélacot**, écuyer, seigneur de La Rousse, Vors, Salède, La Prias, épouse en 1717 demoiselle Marie-Anne de Drossanges. — Armes : de gueules à la tour crénelée d'argent, maçonnée de sable, accostée de six fleurs de lys d'or. — Il mourut le 16 janvier 1752 laissant :

1° Jean-François qui continue ;

2° Catherine de Pélacot, mariée le 2 octobre 1771 à François-Maurice de Suat. — Armes : d'argent à l'aigle de sable à deux têtes, becquée et membrée de gueules, surmontée d'une étoile de sable. — Il était fils de feu Louis de Suat, écuyer, seigneur du Breuil, Fraissinet paroisse d'Auriac, et de Rose du Mas.

3° Marie-Anne de Pélacot ;

4° François de Pélacot ;

5° Christophe de Pélacot, prêtre.

VIII. **Jean-François de Pélacot**, écuyer, seigneur de La Rousse, Vors, Salède, La Prias, épouse, le 6 octobre 1771, demoiselle Charlotte de Gay de Planhol. — Armes : d'azur au lion d'or armé et lampassé de gueules, accompagné à dextre d'une étoile d'argent ; au chef de gueules chargé de trois étoiles d'argent. — Elle était fille de feu Louis de Gay, chevalier, baron de Salzuit, seigneur de Ribeyre, Censac, Couteuge, La Chazotte, capitaine de cavalerie, gendarme de la garde du Roi, et de sa seconde femme Marie-Catherine-Thérèse de La Rochelambert. Il mourut le 2 juin 1803. De son mariage étaient nés :

1° Jean-François (deuxième du nom) de Pélacot de La Rousse, né le 25 octobre 1772, épouse vers 1805 Mademoiselle Adélaïde de Vichy 1778-1858. — Armes : de Vair. — Elle était fille d'Antoine comte de Vichy, seigneur de Varvasse, Condat et autres lieux, et de Thérèse de Langlard. De ce mariage :

A. François-Eugène de Pélacot, 15 août 1806-14 octobre 1851, propriétaire du château de Laprias, maire de Bansat, il avait épousé Magdeleine-Zoé de Caissac. — Armes : d'argent au chevron d'azur accompagné de deux étoiles de même en chef et en pointe d'un lion aussi d'azur armé et lampassé de gueules. — De ce mariage naquirent deux filles :

a. Blanche de Pélacot, sans alliance ;

b. Elisabeth de Pélacot qui épousa, le 22 janvier 1861, le comte Wilfrid d'Arcy, dont :

1° Patrice d'Arcy épouse Marie Walsch de la Valette ;
2° Robert d'Arcy ;
3° Marguerite d'Arcy ;
4° Marie d'Arcy ;
5° Joseph d'Arcy ;
6° Catherine d'Arcy ;
7° Isabelle qui a épousé le 30 avril 1901 le baron Edouard Rullet de la Murette ;
8° François d'Arcy ;
9° Louis d'Arcy.

B. Marc de Pélacot mort en bas âge.

2° Paul de Pélaçot marié avec Mademoiselle de la Roque, sans postérité ;
3° Charles-Marie-Antoine qui continue ;
4° Claude-Louis sans alliance ;
5° Pascal, mort en bas âge ;
6° Charlotte qui a épousé M. Vimal de Jauzat ;
7° Henriette, sans alliance.

IX. **Charles-Marie-Antoine de La Rousse de Pélacot**, 1er novembre 1778-24 juin 1840, fut officier de gendarmerie et chevalier de la Légion d'honneur. Il avait épousé à Langeac, le 4 novembre 1818, Mademoiselle Adèle du Lac, née à Brioude le 21 mars 1794, décédée au Puy-en-Velay le 25 juillet 1865. — Armes : d'azur au chevron d'or accompagné en chef de deux roses d'argent et en pointe d'une fleur de lys du même. — Elle était fille de Pierre du Lac (1), officier de la marine du Roi, chevalier de Saint-Louis, né le 30 décembre 1750, décédé à Brioude le 11 février 1853, et de Marguerite-Jehanne de Labro. De ce mariage sont issus :

1° à 3° Trois filles, mortes en bas âge ;
4° Pierre-Joseph-Henri, qui suit ;
5° Balthazard de Pélacot, marié en premières noces avec Elodie de Saunier. — Armes : d'azur à la fasce d'or engrelée de sable accompagnée de trois têtes de léopard d'or. — Dont : Jeanne de Pélacot ép. M. Roch de la Judie ;

En deuxièmes noces avec Mathilde de la Celle. —

(1) On lira ici avec intérêt les actes baptistaire et de décès de M. Pierre du Lac comme pièces justificatives de l'exceptionnelle longévité à laquelle parvint le grand'père maternel de Mgr de Troyes :

Baptême : Le 19 décembre 1754 a été baptisé messire Pierre du Lac, fils légitime de messire Yves-Joseph du Lac, écuyer, et de dame Jeanne de Vialle du Chambon, lequel enfant avait été ondoyé le 30 décembre 1750, jour de sa naissance. Le parrain a été Pierre Lancelot du Lac, grand'père de l'enfant, et la marraine dame Jeanne de Lafage, veuve de Balthazard du Chambon, grand' mère dudit enfant; celle-ci absente est représentée par Marie-Madeleine du Fraisse, veuve de messire Amable de Vialle du Chambon, écuyer sieur du Bland. En présence d'Yves du Lac, père de l'enfant, de dame de Vialle du Chambon, sa mère ; de dame Jeanne Boyer de la Salle, grand'mère paternelle, et de Pierre du Lac de la Boissière, chevalier de Saint-Louis, capitaine au régiment de La Vieuville-cavalerie, et autres qui ont signé avec les sus-nommés à Brioude ledit jour et an. (Extrait du registre des baptêmes de l'église de Saint-Jean de la ville de Brioude).

Décès : L'an 1853, et le 12 février sont comparus MM. Jean-Balthazar de Pélacot, employé des douanes, âgé de 30 ans, habitant à Alger, et Marie-Joseph-Gustave Crespe, avoué, âgé de 34 ans, habitant cette ville, lesquels nous ont déclaré que hier soir, à 11 heures, M. Pierre-Joseph du Lac, officier supérieur en retraite et propriétaire, âgé de cent deux ans, habitant la ville de Brioude, veuf de dame Jeanne-Marguerite de la Bro, est décédé en sa maison, située boulevard Saint-Pierre. Signé : Montalban, adjoint.

Au sujet de M. du Lac, j'ai reçu ces autres lignes qui témoignent de sa remarquable vigueur et de la noble galanterie du bon vieux temps : « Lorsqu'il eut atteint sa centième année, ses enfants lui suggérèrent l'idée de donner un grand bal pour fêter son centenaire. M. du Lac se tint debout toute la nuit, offrant le bras à toutes les dames qui entraient pour les conduire à leur place dans le salon. Il en fut de même à chaque départ. J'étais à ce bal, nous ne nous retirâmes qu'au jour... Signé : Paul Le Blanc ».

Je dois offrir ici ma reconnaissance toute particulière à M. Paul Le Blanc, l'érudit bien connu et apprécié. La correspondance, dont il a bien voulu m'honorer à l'occasion de mon modeste travail, a été dictée par un sentiment tellement estimable et délicat qu'il en a doublé le prix à mes yeux.

Armes : d'argent à l'aigle de sable membrée d'or. — Elle est fille d'Eugène-Gaston comte de la Celle et et de Léonie Lorin de Roure. De ce second lit :

Henri de Pélacot, né en 1867, officier d'infanterie, a épousé Marguerite Caffarel, décédée laissant : Denise de Pélacot, baptisée à Saint-Amable de Riom par Monseigneur de Pélacot, évêque élu de Troyes, en 1898.

6° Théodore de Pélacot, 1824-1871, fut chef d'escadron au 6° hussards, chevalier de la Légion d'honneur ; il avait épousé Marie Laurencey dont il eut :

A. Jérôme de Pélacot, 1866-1896 ;
B. Adèle de Pélacot, -1871 ;

7° Gustave-Adolphe de Pélacot, né au Puy le 14 juin 1840, baptisé le 16 juillet suivant ; ordonné prêtre à Saint-Sulpice le 21 mai 1864 ; secrétaire de Mgr Le Breton, évêque du Puy, aumônier militaire pendant la guerre de 1870-1871, nommé le 7 février 1871, chevalier de la Légion d'honneur ; secrétaire de l'évêque du Puy, chanoine, puis vicaire-général et successivement de NN. SS. Pierre Le Breton, Fulbert Petit et Constant Guillois, évêques du Puy ; nommé le 22 mars 1898 à l'évêché de Troyes, préconisé le 24 du même mois, sacré en la basilique de N.-D. du Puy le 29 juin de la même année par Mgr Constant Guillois, évêque du Puy, assisté de N. N. S. S. Jean Lamouroux, évêque de St-Flour, et Paul Durieu, évêque de New-Westminster (Canada).

X. **Pierre-Joseph-Henri de La Rousse de Pélacot**, 1821-1893, avait épousé le 3 février 1846 Marie-Marguerite-Irène du Gourd. — Armes : d'argent à trois pals de sable. — Elle était fille de Jacques du Gourd, gendarme du Roi, et de Félicie Papon de Beaurepaire. De ce mariage :

1° Pierre-Eugène, 22 novembre 1846-12 mars 1894, avait épousé le 21 septembre 1880 Louise Picard du Chambon de Beaupoirier. — Armes : de gueules à la tête de cheval d'argent bridée de sable, le mors d'or ; à la bordure d'argent chargée de huit chausse-trappes d'azur. — Sans postérité.

2° Catherine-Adèle-Marguerite de La Rousse de Pélacot (1).

(1) Mademoiselle de Pélacot daignera lire ici mon hommage le plus respectueux de sincère gratitude pour la bienveillance avec laquelle elle a encouragé mon travail et mis à ma disposition de précieux documents.

Les huit quartiers de noblesse de Mgr de Pélacot, Evêque de Troyes

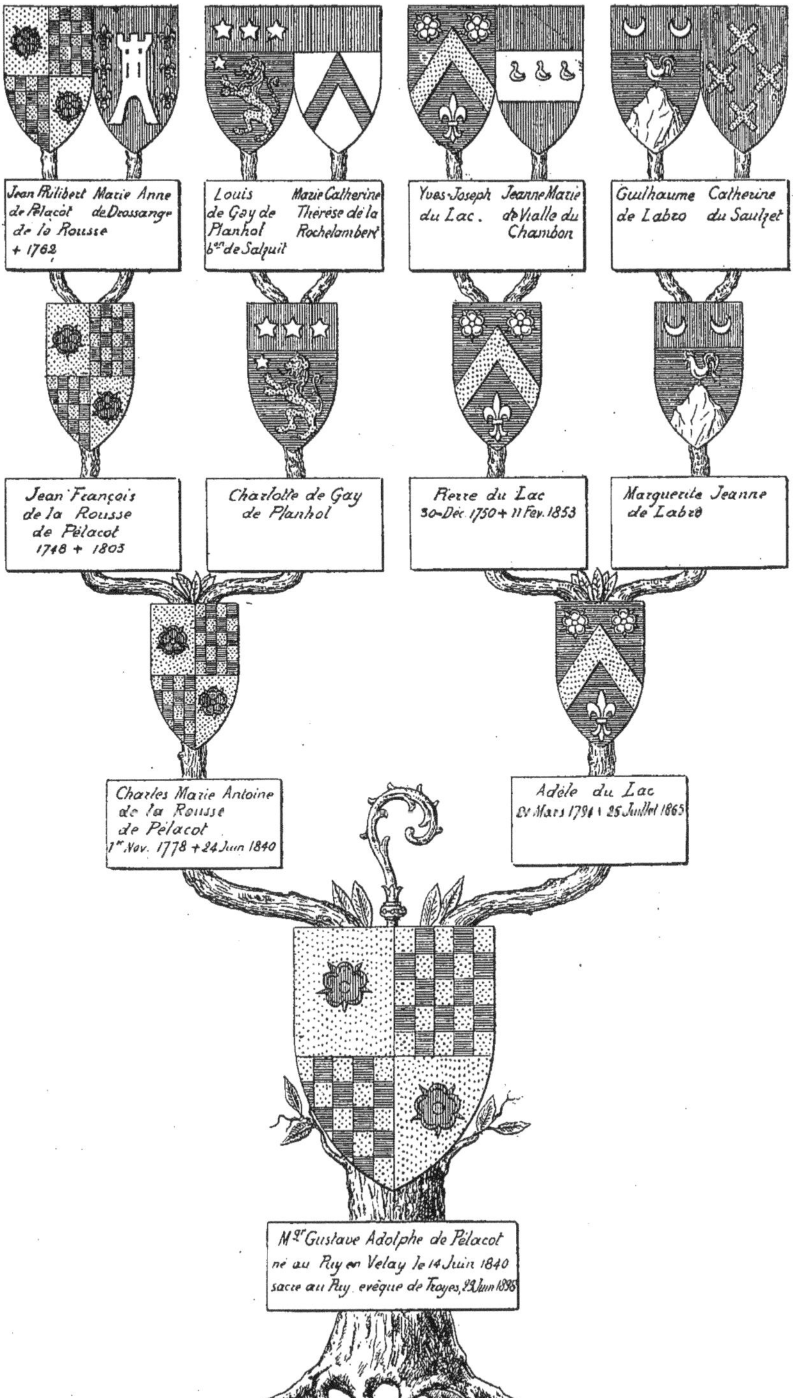

3° Charles Balthazard de la Rousse de Pélacot, né à Besse (Puy-de-Dôme), le 23 mai 1851, il venait d'être reçu bachelier lorsque fut déclarée la guerre de 1870. Engagé volontaire au 16e d'infanterie, il fit comme sergent une partie de la campagne de la Loire. Nommé après la guerre chef de cabinet du Préfet de la Haute-Loire, il opte pour l'Ecole militaire de Saint-Cyr, en 1872. Sorti de Saint-Cyr sous-lieutenant au 119e, le 1er octobre 1873. Lieutenant au 138e le 26 janvier 1878; reçu à l'École de guerre à la fin de la même année. Sorti en novembre 1880 avec le brevet d'Etat-major, il fut désigné pour être détaché à l'Etat-major général (dépôt de la guerre) pour faire partie des brigades topographiques chargées d'exécuter le levé régulier de la carte d'Algérie. Il resta dans cette situation en 1881, 1882 et 1883 et fut chargé de levés dans les provinces d'Oran et de Constantine. Il prit part comme topographe à la campagne de Tunisie et fit, avec le général Forgemol, l'expédition de Kairouan (colonne Tebessa). Au cours de ses différentes missions il reçut du ministre de la guerre deux lettres d'éloges, avec prix, pour ses travaux topographiques en Algérie et en Tunisie. Nommé capitaine au 63e d'infanterie, il séjourna avec son bataillon à Dellys (Algérie), puis à Limoges et partit au mois de mai 1885 avec sa compagnie pour contribuer à la division de réserve du Pas-des-Lanciers. Alors il put passer dans l'infanterie de marine et ainsi faire partie de l'expédition du Tonkin. Pendant deux ans, M. le capitaine de Pélacot à la tête de la 10e compagnie du 2e régiment de tirailleurs Tonkinois, fut en colonne ou dans des postes très malsains, et, le 5 juillet 1887, il reçut la croix de chevalier de la légion d'honneur pour faits de guerre, avec la mention suivante : « S'est distingué au Tonkin pour son entrain au feu ». Rentré en France au mois de janvier 1888 et affecté au 2e d'infanterie de marine à Brest, il est promu chef de bataillon, le 28 mars 1888, et désigné ensuite pour continuer ses services à l'Etat-major du général commandant en chef les troupes de l'Indo-Chine. Après deux ans passés dans cette situation, il devint aide de camp du vice-amiral, commandant en chef, préfet maritime de Toulon. Le commandant de Pélacot, occupa cette situation jusqu'au 13 juillet 1894, époque à laquelle il fut nommé lieutenant-colonel et désigné pour prendre le commandement du 12e d'infanterie de marine en Nouvelle-Calédonie. Son séjour dans cette colonie fut de deux ans et demi et, à son retour en France, il fut désigné pour servir au 5e régiment à Cherbourg, où, en l'absence du colonel, il commanda le régiment pendant dix-huit mois. Au mois de mars 1899, il fut désigné pour servir, une troisième fois, au Tonkin, où il fut à la tête du 9e régiment d'infanterie de marine. C'est dans cette situation que sa nomination de colonel (décret du 2 juin 1899) est venu le surprendre. Au 26 septembre 1900, après la prise de Tien-Tsin, à laquelle il prit avec son régiment une part brillante, il fut rappelé en France et placé à la suite du 3e régiment d'infanterie de marine. Cet officier supérieur est titulaire de la médaille coloniale (Tunisie), de la médaille du Tonkin. Il est en outre commandeur du Dragon de l'Annam, officier du Cambodge, officier du Nicham-Iftikar et chevalier de Sainte-Anne de Russie (1).

M. le colonel de Pélacot avait épousé, le 18 mai 1893, Mademoiselle Marie de Brive de Peyrusse. Armes : d'argent à la bande de gueules.

Il est le chef existant des noms et armes de la maison de Pélacot.

4° René, 8 novembre 1858-19 juillet 1859.

5° Jacques-Marc-Gustave-Joseph de la Rousse de Pélacot, né le 15 mars 1868, officier d'infanterie, actuellement au Laos en Indo-Chine, chargé d'exécuter le levé régulier de la carte topographique de ces pays ; poste périlleux et de confiance où il se distingue comme s'y était avant lui distingué son frère aîné M. le colonel de Pélacot.

(1) Extrait du journal *La France militaire*, n° du 20 juillet 1899.

BIBLIOTHÈQUE NATIONALE
R.F.
IMPRIMÉS

Riom, imprimerie U. Jouvet, rue de l'Hôtel-de-Ville.

373

Riom, U. Jouvet, Imprimeur.

www.ingramcontent.com/pod-product-compliance
Ingram Content Group UK Ltd.
Pitfield, Milton Keynes, MK11 3LW, UK
UKHW032018260826
14628UKWH00006B/2558

9 782012 935433